PROJET

Des premiers Articles de la Constitution, lu dans la Séance du 28 Juillet 1789, par M. MOUNIER, Membre du Comité, chargé du plan de Constitution.

NOUS, les Représentans de LA NATION FRANÇOISE, convoqués par le ROI, réunis en ASSEMBLÉE NATIONALE, en vertu des Pouvoirs qui nous ont été confiés par les Citoyens de toutes les Classes, chargés par eux spécialement de fixer la Constitution de LA FRANCE, et d'assurer la prospérité publique; DÉCLARONS et ÉTABLISSONS, par l'autorité de nos Commettans, comme *Constitution de l'Empire François*, les maximes et règles fondamentales et la forme du Gouvernement, telles qu'elles seront ci-après exprimées; et lorsqu'elles auront été reconnues et ratifiées par le ROI, on ne pourra changer aucun des Articles qu'elles renferment, si ce n'est par les moyens qu'elles auront déterminés.

CHAPITRE PREMIER.

Declaration des droits de l'homme et du Citoyen.

ARTICLE PREMIER.

TOUS les hommes ont un penchant invincible vers la recherche du bonheur; c'est pour y parvenir par la réunion de leurs efforts qu'ils ont formé des Sociétés et établi des Gouvernemens. Tout Gouvernement doit donc avoir pour but la félicité générale.

ART. II.

Les conséquences qui résultent de cette vérité incontestable sont que le Gouvernement existe pour l'intérêt de ceux qui sont gouvernés, et non de ceux qui gouvernent; qu'aucune fonction publique ne peut être considérée comme la propriété de ceux qui l'exercent; que le principe de toute Souveraineté réside dans la Nation, et que nul corps, nul individu ne peut avoir une autorité qui n'en émane expressément.

ART. III.

La Nature a fait les hommes libres et égaux en droits; les distinctions sociales doivent donc être fondées sur l'utilité commune.

ART. IV.

Les hommes, pour être heureux, doivent avoir le libre et entier exercice de toutes leurs facultés physiques et morales.

ART V.

Pour s'assurer le libre et entier exercice de ses facultés, chaque homme doit reconnoître, et faciliter dans ses semblables, le libre exercice des leurs.

ART. VI.

De cet accord exprès ou tacite résulte entre les hommes la double relation des droits et des devoirs.

ART. VII.

Le droit de chacun consiste dans l'exercice de ses facultés, limité uniquement par le droit semblable dont jouissent les autres individus.

ART. VIII.

Le devoir de chacun consiste à respecter le droit d'autrui.

ART. IX.

Le Gouvernement, pour procurer la félicité générale, doit donc protéger les droits et prescrire les devoirs. Il ne doit mettre, au libre exercice des facultés humaines, d'autres limites que celles qui sont évidemment nécessaires pour en assurer la jouissance à tous les Citoyens, et empêcher les actions nuisibles à la Société. Il doit surtout garantir les droits imprescriptibles qui appartiennent à tous les hommes, tels que la liberté personnelle, la propriété, la sûreté, le soin de son honneur et de sa vie, la libre communication de ses pensées, et la résistance à l'oppression.

ART. X.

C'est par des Loix claires, précises et uniformes pour tous les Citoyens, que les droits doivent être protégés, les devoirs tracés, et les actions nuisibles punies.

ART. XI.

Les Citoyens ne peuvent être soumis à d'autres Loix qu'à celles qu'ils ont librement consenties par eux ou par leurs Représentans, et c'est dans ce sens que la Loi est l'expression de la volonté générale.

Art. XII.

Tout ce qui n'est pas défendu par la Loi est permis, et nul ne peut être contraint à faire ce qu'elle n'ordonne pas.

Art. XIII.

Jamais la Loi ne peut être invoquée pour des faits antérieurs à sa publication, et si elle étoit rendue pour déterminer le jugement de ces faits antérieurs, elle seroit oppressive et tyrannique.

Art. XIV.

Pour prévenir le Despotisme et assurer l'Empire de la Loi, les Pouvoirs législatif, exécutif et judiciaire, doivent être distincts. Leur réunion dans les mêmes mains mettroient ceux qui en seroient les dépositaires au-dessus de toutes les Loix, et leur permettroient d'y substituer leurs volontés.

Art. XV.

Tous les individus doivent pouvoir recourir aux Loix, et y trouver de prompts secours pour tous les torts ou injures qu'ils auroient soufferts dans leurs biens ou dans leurs personnes, ou pour les obstacles qu'ils éprouveroient dans l'exercice de leur liberté.

Art. XVI.

Il est permis à tout homme de repousser la force par

la force, à moins qu'elle ne soit employée en vertu de la Loi.

ART. XVII.

Nul ne peut être arrêté ou emprisonné qu'en vertu de la Loi, avec les formes qu'elle a prefcrites, et dans les cas qu'elle a prévus.

ART. XVIII.

Aucun homme ne peut être jugé que dans le ressort qui lui a été assigné par la Loi.

ART. XIX.

Les peines ne doivent point être arbitraires, mais déterminées par les Loix, et elles doivent être absolument semblables pour tous les Citoyens, quelque soit leur rang et leur fortune.

ART. XX.

Chaque Membre de la Société ayant droit à la protection de l'État, doit concourir à sa prospérité, et contribuer aux frais nécessaires dans la proportion de ses biens, sans que nul puisse prétendre aucune faveur ou exemption, quelque soit son rang ou son emploi.

ART. XXI.

Aucun homme ne peut être inquiété pour ses opinions religieuses, pourvu qu'il se conforme aux Loix, et ne trouble pas le culte public.

ART. XXII.

Tous les hommes ont le droit de quitter l'État dans

lequel ils sont nés, et de se choisir une autre Patrie en renonçant aux droits attachés dans la première à leur qualité de Citoyen.

ART. XXIII.

La liberté de la Presse est le plus ferme appui de la liberté publique. Les Loix doivent la maintenir en la conciliant avec les moyens propres à assurer la punition de ceux qui pourroient en abuser pour répandre des discours séditieux, ou des calomnies contre des particuliers.

CHAPITRE II.

Principes du Gouvernement François.

ARTICLE PREMIER.

LE Gouvernement François est Monarchique; il est essentiellement dirigé par la Loi; il n'y a point d'autorité supérieure à la Loi. Le Roi ne règne que par elle, et quand il ne commande pas au nom de la Loi, il ne peut exiger l'obéissance.

ART. II.

Le Pouvoir législatif doit être exercé par l'Assemblée des Représantans de la Nation, conjointement avec le Monarque dont la sanction est nécessaire pour l'établissement des Loix.

ART. III.

Le Pouvoir exécutif suprême réside exclusivement dans les mains du Roi.

ART. IV.

Le Pouvoir judiciaire ne doit jamais être exercé par le Roi, et les Juges auxquels il est confié ne peuvent être dépossédés de leur Office, pendant le temps fixé par la Loi, autrement que par les voies légales.

ART. V.

Aucune taxe, impôt, charge, droit ou subside ne peuvent être établis sans le consentement libre et volontaire des Représentans de la Nation.

ART. VI.

Les Représentans de la Nation doivent surveiller l'emploi des subsides, et en conséquence les Administrateurs des deniers publics doivent leur en rendre un compte exact.

ART. VII.

Les Ministres, les autres Agens de l'Autorité Royale sont responsables de toutes les infractions qu'ils commettent envers les Loix, quelques soient les ordres qu'ils aient reçus; et ils doivent en être punis sur les poursuites des Représentans de la Nation.

ART. VIII.

La France étant une terre libre, l'esclavage ne peut y être toléré, et tout esclave est affranchi de plein droit dès le moment où il est entré en France. Les formalités introduites pour éluder cette règle seront inutiles à l'avenir, et aucun prétexte ne pourra désormais s'opposer à la liberté de l'esclave.

Art. IX.

Les Citoyens de toutes les Classes peuvent être admis à toutes les charges et emplois, et ils auront la faculté d'acquérir toute espèce de propriétés territoriales sans être tenus de payer à l'avenir aucun droit d'incapacité où de franc-fief.

Art. X.

Aucune profession ne sera considérée comme emportant dérogeance.

Art. XI.

Les emprisonnemens, exils, contraintes, enlèvemens, actes de violence en vertu de lettres-de-cachet, ou ordres arbitraires seront à jamais proscrits ; tous ceux qui auront conseillé, sollicité, exécuté de pareils ordres seront poursuivis comme criminels, et punis par une détention qui durera trois fois autant que celle qu'ils auront occasionnée, et de plus par des dommages-intérêts.

Art. XII.

Le Roi pourra néanmoins, quand il le jugera convenable, donner l'ordre d'emprisonner, en faisant remettre les personnes arrêtées, dans les prisons ordinaires, et au pouvoir des Tribunaux compétens, avant l'expiration du délai de vingt-quatre heures, sauf au détenu, si l'emprisonnement est reconnu injuste, à poursuivre les Ministres, ou autres Agens qui auroient conseillé l'emprisonnement, ou qui auroient pu y contribuer par les ordres qu'ils auroient transmis.

ART. XIII.

Pour assurer dans les mains du Roi, la conservation et l'indépendance du pouvoir exécutif, il doit jouir de diverses prérogatives qui seront ci-après détaillées.

ART. XIV.

Le Roi est le Chef de la Nation; il est une portion intégrante du Corps législatif. Il a le Pouvoir exécutif souverain; il est chargé de maintenir la sûreté du Royaume, au dehors et dans l'intérieur; de veiller à sa défense; de faire rendre la Justice, en son nom, dans les Tribunaux; de faire punir les délits; de procurer le secours des Loix à tous ceux qui le réclament; de protéger les droits de tous les Citoyens, et les prérogatives de la Couronne, suivant les Loix et la présente Constitution.

ART. XV.

La personne du Roi est inviolable et sacrée. Elle ne peut être actionnée directement devant aucun Tribunal.

ART. XVI.

Les offenses commises envers le Roi, la Reine et l'héritier présomptif de la Couronne, doivent être plus sévérement punies, par les Loix, que celles qui concernent ses Sujets.

Art. XVII.

Le Roi est le dépositaire de la force publique, il est le Chef Suprême de toutes les forces de terre et de mer. Il a le droit exclusif de lever des Troupes, de régler leur marche et leur discipline, d'ordonner les Fortifications nécessaires pour la sûreté des Frontières, de faire construire des Arsenaux, des Ports et Havres, de recevoir et d'envoyer des Ambassadeurs, de contracter des alliances, de faire la paix et la guerre.

Art. XVIII.

Le Roi peut passer, pour l'avantage de ses Sujets, des Traités de Commerce; mais ils doivent être ratifiés par le Corps Législatif, toutes les fois que son exécution nécessite de nouveaux droits, de nouveaux réglemens, ou de nouvelles obligations pour les Sujets François.

Art. XIX.

Le Roi a le droit exclusif de battre Monnoie; mais il ne peut faire aucun changement à sa valeur sans le consentement du Corps législatif.

Art. XX.

A lui seul appartient le droit de donner des lettres de grace dans les cas où les Loix permettroient d'en accorder.

Art. XXI.

Il a l'administration de tous les biens de la Couronne ; mais il ne peut aliéner aucune partie de ses Domaines, ni céder à une Puissance étrangère, aucune portion du territoire soumis à son autorité ; ni acquérir une domination nouvelle sans le consentement du Corps législatif.

ART. XXII.

Le Roi peut arrêter, quand il le juge nécessaire l'exportation des armes et des munitions de guerre.

ART. XXIII.

Le Roi peut ordonner des proclamations, pourvu qu'elles soient conformes aux Loix, qu'elles en ordonnent l'exécution, & qu'elles ne renferment aucune disposition nouvelle ; mais il ne peut sans le consentement du Corps législatif prononcer la surséance d'aucune disposition des Loix.

ART. XXIV.

Le Roi est le maître absolu du choix de ses Ministres et des Membres de son Conseil.

ART. XXV.

Le Roi est le dépositaire du trésor public ; il ordonne et règle les dépenses conformément aux condition prescrites par les Loix qui établissent les subsides.

ART. XXVI.

Le Roi a le droit de convoquer le Corps législatif dans l'intervalle des sessions, ou des termes fixés par les ajournemens.

ART. XXVII.

Il a droit de régler dans son Conseil, avec le concours des Assemblées Provinciales, ce qui concerne l'Administration du Royaume, en se conformant aux Loix générales qui seront rendues sur cette matière.

ART. XXVIII.

Le Roi est la source des honneurs : il a la distribution des graces, des récompenses, la nomination des Dignités et Emplois Ecclésiastiques, Civiles & Militaires.

ART. XXIX.

L'indivisibilité et l'hérédité du Trône sont les plus sûrs appuis de la paix et de la félicité publique, et sont inhérentes à la véritable Monarchie. La Couronne est héréditaire de branche en branche, par ordre de primogéniture, et dans la ligne masculine seulement. Les femmes et leurs descendans en sont exclus.

ART. XXX.

Suivant la Loi, le Roi ne meurt jamais, c'est-à-dire, que par la seule force de la Loi, toute l'autorité royale est transmise, incontinent après la mort du Monarque, à celui qui a le droit de lui succéder.

ART. XXXI.

A l'avenir les Rois de France ne pourront être considérés comme majeurs qu'à l'âge de vingt-un ans accomplis.

ART. XXXII.

Pendant la minorité des Rois, ou en cas de démence constatée, l'autorité royale sera exercée par un Régent.

ART. XXXIII.

La Régence sera déférée d'après les mêmes règles qui fixent la succession à la Couronne, c'est-à-dire, qu'elle appartiendra de plein droit à l'héritier présomptif du Trône, pourvu qu'il soit majeur; et dans le cas où il seroit mineur, elle passera à celui qui, immédiatement après, auroit le plus de droit à la succession. Il exercera la régence jusqu'au terme où elle devra expirer, quand même le plus proche héritier seroit devenu majeur dans l'intervalle.

ART. XXXIV.

Le Régent ne pourra jamais avoir la garde du Roi; elle sera donnée à ceux qui auront été indiqués par le testament de son prédécesseur. A défaut de cette indication, la garde d'un Roi mineur appartiendra à la Reine-Mère; celle d'un Roi en démence appartiendroit à son épouse, et à leur défaut, les Représentans de la Nation choisiroient la personne à qui cette garde seroit confiée. Le Régent seroit choisi de la même manière, dans le cas où il n'existeroit aucun proche parent du Roi ayant droit de lui succéder.

ART. XXXV.

Les Régens qui seront nommés dans les cas de démence, ne pourront faire aucune nomination ou concession, ni donner aucun consentement qui ne puissent être révoqués par le Roi revenu en état de santé, ou par son Successeur.

A VERSAILLES, chez BAUDOUIN, Imprimeur de L'ASSEMBLÉE NATIONALE, Avenue de Saint-Cloud, N°. 69.

www.ingramcontent.com/pod-product-compliance
Ingram Content Group UK Ltd.
Pitfield, Milton Keynes, MK11 3LW, UK
UKHW020503220726
13923UKWH00006B/2729

9 782019 299965